고기가 달을 훔쳐 먹고

시가 있는 고요아침 47

고기가 달을 훔쳐 먹고

초판 1쇄 인쇄일 · 2016년 10월 04일
초판 1쇄 발행일 · 2016년 10월 14일

지은이 | 최 학
펴낸이 | 노정자
펴낸곳 | 도서출판 고요아침
편 집 | 박은정 김남규

출판 등록 2002년 8월 1일 제 1-3094호
03678 서울시 서대문구 증가로 29길 12-27 102호
전화 | 302-3194~5
팩스 | 302-3198
E-mail | goyoachim@hanmail.net
홈페이지 | www.goyoachim.net

ISBN 978-89-6039-883-2(04810)

*책 가격은 뒤표지에 표시되어 있습니다.

시가 있는 고요아침 47

고기가 달을 훔쳐 먹고

최 학 시집

고요아침

■ 시인의 말

그간에 몇 권의 시집을 내면서 독자들이 관심을 보였던 시와 가슴에 담아 두었던 생각들을 모아 한 묶음으로 내게 되었다. 그렇다고 읽는 이들의 심금을 울려 주리라 기대하기보다 그동안 쓰고자 했던 글의 참 의미를 전달하고자 했다. 문학의 길을 가는 이에게 한 문장이라도 시의 밑거름 되었으면 하는 마음으로 먼저 시 한 편 올려 인사드린다.

눈꽃

꽃비로 내려오는
하얀 나비 떼

빛 고운 영혼
천사들의 춤사위

허공 한 자락 펼쳐 놓은
산천에 피는 백옥의 향연

숲이 달을 안아주듯
가슴에 이는 산뜻한 전율

2016년 9월 27일

최 학

■ 차례

제4부 빈 잔에 넘치는 언어들

제5부 속살 뜨거운 달빛

제6부 거울 속에서 추억이 산다

제 1 부

선녀의 옷자락에 핀 안개

그 말 한마디

꼬~옥 하고 싶었던 말

날려 보내고 싶은
새 한 마리

남김없이 주어도
줄지 않는
목찬 그리움

사랑한다
그
말 한마디

호숫가에서

하늘에 빌던 손
다 놓아두고

남은 이름마저
바람으로 남아

풀벌레 소리
적막을 깨우면

호수에 뜬 별
가슴에 담는다.

석란石蘭

세속을 떠난 바위는
부처보다 입이 더 무거운데
바람의 입김 서린 허공을 부여잡고
간극을 노래하는 석란

너를 껴안고
하늘로 난 창을 닦으며
꽃구름 새겨진 여린 잎
눈동자에 백담白淡으로 키운다

치열하게 스며든 고요 속에서
한 발자국 벗어나면
어둠의 새 그림자로 남고
위로는 끝 간 데 없이 펼쳐진 아득함

살갑게 스치는 바람에도
곱게 접은 난촉
시퍼런 파도에 떨어져
물비늘 안고 떠내려가거늘.

시간 밖으로

유리벽에 갇혀
뻐꾹 뻐꾹 세상 깨우는 소리에
아라비아 숫자판 위를
봄날 화냥기에 젖어 뛰어가는 놈
배 주린 노숙자이듯 흐슬부슬 가는 놈
빛과 어둠의 강 사이로
세월의 길을 만든다

살짝 미소 짓는 내 눈길에도
표정 하나 변함없이
꽃잎 같은 꿈길도
푸른 빛깔의 고독도 주지만
산그늘보다 더 짙은 묵언으로
세상을 통제하는
저, 심사

종이처럼 얇아진 가슴에 품은
탱탱한 삶의 흔적들이
자맥질하는 소리 낼 때면
시간 밖으로 나와

옳다고만 생각해온 마늘 냄새를 벗고
달빛 모서리 깎으며
항아를 바라볼 수 있다면…

유성우流星雨의 도시

시계 초침이 밤의 목을 조이는 시간, 바람난 도심의 건물들이 네온 빛에 스멀스멀 일어선다. 까만 아스팔트에 쏟아지는 ♂, ♀, § 노래의 깃 치는 소리에 불씨들의 야성은 더욱 검은 꽃을 향해 치닫는다.

울긋불긋 빛나는 뒷골목에 꽃들이 느물거리고 꽈리를 틀고 있는 뱀도 있다. 허리를 꼭 껴안고 핑크빛 엉덩이를 씰룩대며 몸을 덥혀도 세상은 차갑고 동전 몇 닢 놓고 앉아 시간을 끌고 가는 손에는 해도 뜨지 않는다.

하늘에 박음질하듯 서 있는 빌딩 옆구리에 빌붙어 있는 포장마차에서 주인아주머니가 타임머신 타고 옛날로 돌아가고 싶다 한다. 솜털이 보송보송한 딸이 여린 손으로 엄마의 이마에 흐르는 땀을 닦아준다.

황색 선에 갇힌 차들이 탁한 숨소리 토해내며 자정을 넘어간다. 퇴색한 잠바를 입은 사내가 도로 턱에 앉아 먼산바라기 하며 붉은 살점을 깎고 있는 가족들의 얼굴을 생각하는지 깔딱 고개 넘는 세월 안고 연신 핏기 가신 입술을 들먹인다.

생각하는 로댕

잘 가꾸어 놓은 잔디 위에
감미로운 바이올린 음률이 흐른다
꽃그늘 속을 거니는 사람들이
제 몸에서 나는 겨울 냄새를 맡지 못한 채
옷깃 세우고
살짝살짝 부딪치는 분홍빛 잔으로
세상의 바람을 쥐었다 펴기도 한다
그들이 떠난 뒤 풍요의 뒷자락에 떨어진
피둥피둥한 말의 시체들이
텅 빈 어둠 속에 널브러져 있다
몸 안에 빙산을 품고 있는 듯
눈빛이 차가운 잿빛 수염의 사내가
닳아진 신발 뒤끝으로
쏟아놓은 거품들을 짓이겨 밟더니
주인이 아끼는 정원석庭園石을 깔고 앉아
턱을 한 손으로 고인 채 생각에 잠겨 있다.
그 옆을 머리를 잘 빗어 넘긴 사람들이
힐끔거리며 지나간다
사내의 가슴에 목탁새 울음
허기진 뱃속으로 여우비 같은 시간
그 윤기 나는 석탄의 노래 아무도 듣지 못하리.

시 쓰는 항아리

1.
가슴 한구석에 놓여 있는 항아리
그 안에 바람이 불고
비가 내리기도 하지만
달이 환하게 뜨기도 한다.

2.
항아리는
못생겼다 소리치면 사라지고
향기만 남는다.
다시 보면
맑은 종소리로 내게 와
오종종 거울의 진실을 심는다.

비상하는 혼
— 횟감

굽 높은 파도를 넘나들며
바다의 피로 씻은 몸
모성이 벗겨지는 속살의 아우성

홧홧 불타는
소주잔 속으로 들 때마다
어둠을 톱질하는 소리 들으며

맑고 차디찬 진실
별의 눈물로 건져 올려
화사한 절망을 열고

한 점씩
흰 발목으로 하늘을 떠받치며
청자연적 무늬 그리고 있다.

서푼서푼 숨 쉬는 집

남의 궂은일도 제일인 양 잘 하던 영철이 아버지가 몇 해 전에 빌려 간 돈 갚으라는 독촉을 받고 동구 밖에서 밤늦도록 서릿바람 토하며 술을 마시더니 간밤에 식구 다섯이나 데리고 도망을 갔다.

마을 사람들이 마당에 모여 웅성거리며 문뎅이 같은 것 내 돈 떼어먹고 어디 가서 잘 사나 보라지 분에 받친 소리 해대는 사람도 있고 어찌했거나 어린 것들 밥이나 굶기지 않고 살아야 할 텐데 하기도 한다.

동네 꼬마들은 무논에서 메뚜기 잡고 소꿉장난하던 순이가 생각나는지 가끔 인적이 끊긴 집을 기웃거릴 때면 마당에 웃자란 잡풀 사이로 갈잎들이 수북이 쌓인 채 기력 잃어 반쯤 모로 누운 사립문으로 바람만이 들고 난다.

누에 허물이듯 낡은 회색빛 지붕엔 상여꽃 닮은 하얀 박꽃이 피고 지고 장독대 텅 빈 항아리에는 어린 가슴들이 촘촘한데 토방 마루 벽에는 빛바랜 아이들의 상장과 그림이 나풀거린다.

희끄무레한 호롱불 켜놓고 화롯가에서 곰삭은 이야기 구워 먹던 일, 창틀 거미줄에 걸려 파들거리는 밤이면 날카로운 콧수염마저 내려놓은 들고양이란 놈이 적막을 물어다 놓고 앉아 서까래 사이로 별이 총총히 보이는 시골집을 지키고 있다.

바다를 안고 있는 물고기

푸른 짠물 모두 토해 낸
푹 익은 날들 사막으로 보내고
갈 곳 잃은 눈들이 놓인 좌판대
침묵의 햇살 춤 요란하다.

이빨이 송곳같이 뾰쪽한 놈
눈을 시퍼렇게 부릅뜬 놈
그 사이로
영문 모르고 잡혀 온 어린 물고기

이것들은 능금처럼 익은 바다에서
파도의 유골과 시간을 넘어
달빛 지느러미 안고
하늘바라기 하며 살더니

이승도 저승도 아닌 외승에서
들숨과 날숨 놓아버린
농밀한 어둠을 안고
고향 바다를 그리고 있다.

산승山僧

볕살이 직립으로 쌓여
바람이 불그레하게 물든 숲

빛바랜 낙엽 위에서
시간을 빨고 있던 개미

속내에 푸른 하늘 들여놓고
검정 바랑 하나 딸랑 맨 채

갯돌 휘돌아가는 물소리에
없는 마음마저 씻어비린 듯

갈잎 향에 세속의 무늬 지우며
휘적휘적 가고 있다.

희나리 꽃으로 데운 봄

슬픈 족속들이 모인 집하장에서
버려지고 깨어진 가구들이
제 자리를 더 차지하겠다고
머리를 내민 채 모서리를 세우고 있다.

잡풀들에 쫓겨 이곳까지 온
강아지풀 위로
죽은 시간의 시체들이 쌓이고
이빨을 앙당그리고 있는 것들의 칼에
자식 잃고 몸까지 파먹힌다.

쓸쓸한 고요가 깊어지면
초원을 꿈꾸던 풀벌레들이
어깨며 허리에 앉아
성대 잘린 목소리로 불러주는 노래가
신의 눈빛이듯 서늘하다.

날 세운 것들과 웃음 껍질 안고
핏빛 서러움으로 살아가야 하기에
검푸른 농膿 흐르는 흙에

기억의 먼 삶을 태우며

그래도 봄의 희나리* 불꽃을 피운다.

* 희나리 : 덜 마른 생장작.

갈대

비 오면 비에 젖고 바람 따라 노닐며
때로는 더덩실 춤도 추고
지구 끝에서 불어오는 살 에는 바람에
올올이 성에 낀 머리 흩날리며
오는 사람 마음 곱게 접어 보낸다.

태자리에 피 멍든 물
폐 깊숙이 칼질하는 찌든 때도
한 점 빠마저 사위어지는
불구덩 속에서도
새로 태어날 아기를 기다린다.

언제나 백자 구름 안고
오로라로 살아가는 갈대더러
배뱅이굿 탈을 쓴
상자 속의 검은 말들이
어이해 흔들리는 갈대라 하였던가.

갈대 같은 사람
그 누구 있소!

제2부

태양의 파편이 주는 삶

지우개

복사꽃 곱던 삶이
물처럼 흘러갑니다

푸른 고집도 묻어두고
살 발라내던 시간도 떠나게 합니다

언제나 가슴에 담아 두었던
정다운 이름 지우듯

차가운 고요 속에 거울은
그대와 나를 지웁니다.

물컹한 냄새

화석처럼 짙은 소리와
가벼운 구름
비껴나는 비판의 말을 담고도

이따금 세상 뒤쪽에서
술상을 생각하면서

참아 두었던 기다림의 목소리
텅 빈 묵언

나무에 헤아릴 수 없는
구멍이 있듯이

채워도 채워지지 않아
다물지 못하는 입.

하늘의 지퍼

방 한쪽 귀퉁이에 무슨 일 저지를 듯 놓여 있는 회색빛 가방을 열자 어둠 속에 숨어있던 체취들이 우수수 쏟아져 나온다.

눈을 뜨거나 감고 있을 때도 등골 서늘한 큰 입에서 겨울 이빨로 목줄이 조여 숨이 막혀도 신의 뜻이라는 듯 받아내던 풋풋한 사람들

흰색과 검은 색깔이 힘겨루기하며 파리의 습성으로 밑바닥에 찍찍 달라붙어 먹이를 빨아대며 피멍 든 말들이 파닥여도 너와 나는 머문을 풀어 짙은 밤을 지새운다.

가슴 서늘한 사람들이 칼침을 삼켜 버린 물고기처럼 하늘의 지퍼가 닫힐까 봐 덜덜거리며 크로마뇽인*의 모습으로 거북이 등 같은 세월을 달래고 있다.

* 크로마뇽인 : 구석기 시대의 화석인류.

하늘 우물 담는 조약돌

하얀 속살 번지는 바다에
달무리로 연주하며
타는 햇살에 금빛 풀어놓고

두터운 파도의 둔덕에서
수줍은 하늘 품은 채
청청한 꽃의 훈향 빚으려고

시간의 뼈
둥그런 빛깔로
내 안의 나를 죽이고 있다.

삼릉경三稜鏡

낙엽이 우수수 날리는 광장.
이곳에선 서로에게 그림 속 배경이다.

머리가 부석부석한 남자가 차가운 의자에 몸을 기댄 채
한 끼의 밥인 양 햇살 조각을 먹고 있다.

너덧 살 된 아이가 남자 앞에 과자를 살포시 놓고
비둘기에게도 던져 주자 꾸르륵대며 고개를 끄덕거린다.

이를 지켜보던 내게 비둘기가 푸드덕 날며 똥을 찍 갈긴다.
내 안에 층층이 쌓인 썩은 냄새인 듯 닦아도 지워지지 않는다.

난 언제 푸른 물빛 옷 입고 영혼을 헹구는 소리 들려준 적 있었던가.
그저 갈색의 도심 속을 너울너울 춤추며 가고 있을 뿐…

청풍명월 안고 있는 돌부처

산마루 등에 업고
이승을 바라보는 돌부처
청산이 내는 신음神音 소리
노승이 읊는 범패梵唄소리
듣고 있으려나.

절 마당 연못에 투명한
이슬 먹고 피어 있는 연꽃을
슬쩍슬쩍 보다 말다가
시간의 뒷모습 맴도는 구름에
만리심萬里心도 얹어놓은 듯

천년 세월
차갑고 투박한 몸속에
인자한 웃음 차곡차곡 쌓아놓고
뺨을 단청丹靑으로 물들이며
청풍淸風을 우려내 미명을 깨우고

움푹 들어간 눈
뭉뚱그려진 코와 입 그대로

속살 뜨거운 참사랑
건너오는지
닮고 닮은 귓불 세우고 있네.

바다와 살 섞은 태양

태고의 하늘이 열리며
어둠이 하얗게 부서진다.

수수만년 이어온 발걸음으로
바다와 살을 섞는 태양

푸른 여인의 순정 하혈에
청옥 물결 핏빛으로 물들고

연정을 어쩌지 못해 파도는
농익은 빗살무늬 춤을 춘다.

영혼을 태워 낸 꽃

— 민속 막걸리

이승의 원죄를 갚는 양
독 안에서 용수*를 쓰고
영혼을 태운 삶 꽃피워

시리도록 그리운 무늬
큰 사발로 다독이며
청잣빛 감성을 빗고

명월明月 아래 발붙일 곳 없어도
내면의 벽에 총총히 박혀 있는
가시 돋친 숨소리도 뽑아주고

어둠을 비추는 등대이듯
제 살 우려낸 순수로 속심지의
허망 한 자락 다독여 준다.

* 용수 : 술을 빚을 때나 죄수의 얼굴 가릴 때 쓰이던 물건.

도깨비 춤 베어버리면

꽃대를 맴도는 나비 한 마리
날갯짓하는 소리가
천둥으로 들리는 들녘
말갛게 익어 수런거리는 흙
만질수록 정겹다.

작년 배추 흉작에 진 빚을
시간의 속울음으로 다독이며
산모퉁이에 있는 다락 밭에
그래도 금년에는 하는 심정으로
자식 농사짓듯 모종을 한다.

풀들이
뽑아도, 뽑아도 왜
이리 올라오는지 모르겠다며
중얼거리자 아내가
"글쎄요"하며 긴 한숨을 내쉰다.

부드럽고 찰진 밭고랑에서
고개를 빳빳이 쳐들고

도깨비 춤 추는 잡것들을
남김없이 베어버리면
세상 참 살맛 날 것 같은데…

살다 보면

구름 쌓이고
그 노래의 재를 흩는 골짜기

움막 짓고
여인의 빛깔도 놓은 채

나뭇잎 사이로
햇살 무늬 받으며

새들의 웃는 모습
풀잎 수런대는 소리

함께 살다 보면
빈 마음에 젖어들려나.

눈빛마저 태우는 가을 산

산의 이마에 햇살이 내려도
들풀에 쌓인 고요는 부서지지 않고

능금 향 담긴 명상의 골짜기엔
햇살의 온기가 물면을 들먹인다.

푸른 고집 털어내던 나무들이
머리채 긴 바람에 붉은 잎 피워

화엄華嚴 한 자락 가슴에 담았더니
눈빛마저 붉게 타오르네.

바람은 말이 없는데

술병을 땅바닥에 놓고 두 노인이 쪼그려 앉아 술을 마신다. 한 노인은 지나온 생의 음표들을 지우려는 듯 허공을 물끄러미 바라본다. 술이 다 떨어지자 같이 있던 노인이 붙들지만 가버린다.

혼자 남은 할아버지가 헐거워진 옷 추스르며 벌겋게 달아오른 취기로 자기의 화려했던 과거를 들먹인다. 그 소리가 입술이 파리한 채 어슬어슬 걷는 사람들의 눈썹 위에서 파닥인다.

할아버지는 심장 속으로 저미어 오는 서리꽃 냄새, 서러운 노을빛에 초침으로 똑~딱 똑딱 다가오는 삶의 누수를 알고 있으려나. 젊은이들이 스쳐 가며 세상을 토해내는 소리를 승냥이 먹이 채어 먹듯 듣고 있다.

희멀건 눈빛이 먼 기억 속 불가사의한 무게에 젖는다. 낙엽이 술 취한 할아버지 발끝에 맴돌고 기름기 빠진 겨울 들판을 휩쓸던 바람 때가 허름한 살 속으로 파고든다. 그때마다 푸른 핏줄 선 손으로 몇 올 남지 않은 흰 머리를 쓸어 올리며 빈 잔에 저수된 낡은 꿈들을 비워내고 있다.

사랑

1.
꼬~옥 쥘 수도 없는
쬐다 파 먹히는
파도의 무수한 담금질

사금파리 같은 햇살로
한 점
시퍼렇게 태워
뜨겁게 피워낸 소금 꽃

순색은 놓아두고
고여 있는 침묵으로
일곱 빛깔 꽃불에
재가 되고 싶은.

2.
풋풋한 산들의 푸른 고집들
바람은 청무빛 욕정으로 익어가고
소라껍질 속에서

은하의 물빛 너풀거리는 목소리

3.
만삭의 달빛이
독하게 흐르는 밤이면
레몬* 향기 머문 자리에
살집 좋은 풀빛 편지 띄워놓고
마음의 비단을 짜고 있는 새

4.
산등성이 허리를 어루만지는

아침노을이 되어
무변의 빛으로 다가오는…

5.
눈으로 말할래요.

가슴으로 말할래요.

그 꿈

일곱 빛깔로

그림을 그릴래요.

* 레몬 꽃말 : 진심으로 사모함.

성냥, 혼의 불꽃

무덤 속에 잠든 것처럼
생각의 슬픈 문도 닫고

시간의 껍질을 벗기면서
귀먹은 나날을 보내면서

좁고 작은 밀실에서
말 없는 말을 하며

휴화산 같은 심장 품고
죽은 듯 살아 있는 시퍼런 씨앗

산허리 벙커 속 전사처럼
순간의 불꽃을 피우려고

하늘바라기 하고 있는
너!

제3부

허공에 구멍을 만드는 새

귀엣말 들려오는 국화꽃

그대의 내음이 묻어
향기로 가득 채워진 방 안에
활짝 웃는 모습 머물러 있지요

솔잎 사이 바람이 곱게 일던 날
그대가 두고 간 꽃병에
노란 국화꽃 피었습니다.

꽃병에는 꽃술이 맺히고
귀엣말 들려옵니다.
'사랑은 행복이요 고통'이라고

그대가 남기고 간 향기가
넌지시 말해요
'사랑은 그리움이고 기다림'이라고

밤의 향기에 젖은 등대

바람의 입김
웅얼거리는 수평선

어둠에 외눈박이 눈으로
오가는 길손 홀로 맞고

물결 너머 고요에
은빛 실실이 날려

외로움 꽃필 때면
항아姮娥의 향기에 젖는다.

거울 속 세상과 밖

유리 제품 파는 상점 앞 대형거울 속에
슈퍼마켓도 있고 오토바이도 지나가고
속눈썹 긴 여자도 얼굴을 삐쭉 내민다

안고 있던 애완견을 길가에 내려놓자
오줌을 찔끔 갈긴다. 그래도
아이는 알사탕을 들고 웃는다

한 치의 틈도 없이 거울 속으로
하루 치 어둠이 오지만 그 안에는
세상의 발들이 없다.

밤이면 간간이 낮에 보았던 풍경들이
불빛 안고 거울에 나타났다 사라진다.
시침들은 시침을 떼고 전설처럼 잠을 잔다.

수산시장

널빤지에 놓인 죽은 바다
그 위에
눈 부릅뜬 물고기들

소금기 가신 아가미는
들숨 날숨을 놓아버린 채
제 속 뜨거움을
얼음으로 다지고 있다.

빛바랜 살과 뼈를
다 도려내고도
오지 않은 항구
파도에 고향을 담아놓고

날마다 수산 시장은
산을 닮아가려
새 생명의 지느러미를
썰어내고 썰어낸다.

나를 부르는 밤

회색빛 하늘 한 자락이
숲의 더운 숨소리 안고
둔덕의 초가지붕에
적막을 하나둘 내려놓으면

신작로 지나가는 솔바람이
죽은 소리들 사이로 어둠을 쌓고
멈춘 듯 흐르는 개울물에
별꽃 총총히 피우는데

밤을 깨우는 개 짖는 소리가
미등으로 떠 있는 고요를 깨우고
노인의 지팡이소리에
새벽 창이 눈을 뜰 쯤이면

그대가 펴놓은 직립의 삶
허기진 가슴에 목마름 적시면서
용 비늘 한 자락 곱게 다독이며
정갈한 화음으로 깨어나는 빛고을 광주光州

태풍을 위한 기도

거대한 바람과 먹구름의 하모니는
누구를 위한 기도 인가요
음과 양이 열기로 들뜬 한반도에서
괴성은 천지를 뒤흔든다.
나무와 집들은 뽑히고, 부서지고
돼지며 닭, 짐승들, 만물의 영장도
물결의 용트림에
한 잎 낙엽이 되어
천당과 지옥을 오가며 아우성인데

제자리를 내어준 것들은 갈 길 잃어 떠돌고
태양도 어쩌지 못해 서러운 눈 감습니다.
당신은 무슨 한恨이 그리 많아
저주의 입김을 보내는 건가요
벌을 주려거든 혀를 날름거리며
제 눈 속의 불도 보지 못한 꽃뱀들이나
겨울의 진눈깨비에 매달아 놓으시고
삶의 뼈에 콕콕 찔려 분신焚身하는
사람을 위해서
한 줄기 푸른빛을 주소서!

회색에 젖은 동굴

기진한 듯 움츠러든 도심

어느 궁전엔
꽃피는 봄, 가을만 있고
무더운 여름, 추운 겨울이 없다지.

기적汽笛처럼 길게 풀어지고 해진
너와 나 사이에
텅 빈 풍요가 차갑게 빛나고

덜 깬 거울 하늘에
눈송이가
풍장風葬, 풍장, 풍장 하던 날

삶 껍질을 보듬은 사내가
지하도에서 갈색 소음 만개한 신문지로
몸을 덥히고 있다.

허공 한 자락 밟듯

하늘에 불꽃이 몇 겹으로 일던 날
뜨거운 철근을 어깨에 메고
고개를 푹 숙인 채
숭숭 뚫려 더욱 가파른 구름다리 위로
삶의 바다를 건너던 사내.

대지를 선혈처럼 태우던 해가
땅 끝자락으로 스며들자
소금 사리 핀 작업복에
신열을 앓은 듯 땀방울을 닦아내던 손에
지폐 몇 장이 서럽게 빛나고 있다.

부엌과 방 사이에
살구꽃만 한 등 켜놓은 반 지하방
아빠가 돌아오는 것을 보려고
베개 위에 깨금발로 서서
창문에 스쳐 가는 발 냄새를 맡고 있을
여린 눈망울들을 생각하는지

손에는 풀빵 한 봉지
또 한 손에는 고등어 자반을 든 채
시간이 깨어져도 남지 않은 길을
허공 한 자락 태운 가슴으로
마른 가지 부러지듯 허청허청 간다.

죽어서 사는 물고기

바다는 도마 위에서
시퍼런 한숨을 토해내고
푸른 파도가 날 선 칼에
용수철 튀듯 잘려진다.

단단한 어둠에 잠긴
이승의 발톱들이
벗겨내는 삶의 속장束裝
고향 하늘 꽃구름이 서럽다.

젓가락에 찍힌 알전등 불빛

사람들이 산책으로 붐비던 곳
나무들은 누런 잔디로 추위를 달래고
키 큰 바람은
칼을 들어 쉉~씽 허공을 벤다.

한쪽 다리가 잘린 놈
날개 죽지가 축 처진 비둘기들이
흙에 핀 서리꽃이 삶의 알갱이나 되는 양
시린 생을 콕콕 찍어대고 있다.

장미 한 송이마저 놓아버린 채
머리 위에 떠 있는 구름마저 힘에 겨운 듯
텅 빈 광장을 어스~렁 어스~렁
혼자 걷던 오십 대 사내.

포장마차 의자에 엉덩이를 반쯤 걸치고 앉아
가물해져 가는 눈길을 붙든 채
소주잔에 빠진 희멀건 알전등 불빛을
나무젓가락으로 콕콕 찍어 대고 있다.

시간 채집

대지는 초록의 향기에 젖고
별들이 칠흑의 어둠에 길 내며
지상으로 내려온다.

웃자란 언어 허기진 사연들이
태어나 사라진
행간의 우수憂愁 속에

남루한 한 줌의 추억들이
가슴의 창에 화석이 된 채
눅눅한 시간 속에 쌓이고

활처럼 휘어진 삶이 파닥일 때도
호수에 뜬 달을 품은 둥근 고집으로
백자 구름 속 떠가는 꿈을 꾸고 있다.

푸른 잎 사람

정적靜的 냄새 흐르는 밤
닫힌 사립문에 귀 걸어 놓고

멀리서 가까이 또 멀리
가슴 적시는 발자국 소리

천불동 달빛 같은 사람

봄비 사뿐히 내리면
초록의 향기 후~욱 풍겨올지

소쩍새 잠들 때까지
두 손 꼬~옥 모읍니다.

제4부

빈 잔에 넘치는 언어들

여명을 깨우는 소리

파리한 머리에
청아한 염불 소리가

연꽃에 쌓인
적막을 열면

삶을 깨우는
살가운 여운이

내 안에 있는
어둠의 뼈에 종을 친다.

바위

1.
시작도 끝도 고이지 않은 숨소리로
눈비 오는 날에도
오가는 이 음성 하나하나 새기며
햇살에 찔린 아픔
오한이 든 사연을 가슴으로 다독이며
하늘의 뜻 받든다.

2.
얼굴 없는 억, 억 년을
겨울의 눈으로
가슴 태우는 불도 이겨내며
좌선坐禪으로 구도를 닦고

별들이 속살대는 소리
녹색의 바람도 안으며
흐르는 물, 떠도는 구름
제 길 따라 맡겨두고

자잘 토실한 어둠이 쌓일 때도
단풍의 붉은 피 안으로 다지며
닫힌 듯 열린 침묵으로
무공無空의 삶 다진다.

두 여인

동쪽
산마루는 눈도 채 뜨지 않았다.

건물들 사이로 진눈깨비가
촘촘히 날리는데
대지를 덮고 있던 싸한 바람만이
심장을 파고들며 들먹인다.

아무도 밟지 않은 눈길에
수레바퀴 자국을 남기며
김 씨 댁에서 주문한
연탄을 배달해 주고 집에 돌아오니

나와 아내가 쓰던 방에
모르는 여인이 부스스한 머리하고
옷이 흐트러진 채 누워 있다.
지난밤 같이 자던 아내는 어디 가고
저 여인이 누워 있는가

깜짝 놀라 되돌아 나와
무중력 달빛에 바스라지던 지붕
문패 없는 집을 두리번두리번
다시 들어와 보니
우리 집이 분명하다
조금 전 그녀가 누워있던 자리에
아내가 화장기 없는 얼굴로 앉아 있다

삶의 활선이 팽팽하게 당겨져
손끝에서 탱~하고 소리를 낸다.
이곳으로 먹구름 밟듯 날아온 나는
두 여인과 한집에서 살고 있다

도심에서 튀는 빛의 파편이
마음에 박혀 가슴이 시리다

나비와 인간

하늘가에 걸려
순장殉葬하지 못한 낮달
뽀얀 운무雲霧 사이로 내민
핏기 가신 하얀 얼굴
전쟁터에서 죽은 형을 닮았다
여린 풀숲 사이에 거미가
제 살 떼어 총총히 삶을 걸어놓고
붉은 산홋빛 이슬 꿰어 놓았다.
찬란함에 취한 호랑나비
몸이 무쇠 갑옷인 양 덥석 던져
거미줄에 앉는다
젖은 날개 파르르 떨며
춤출 때마다
더욱 깊어지는 선율
이를 지켜보던 거미
슬금슬금 다가와
하얀 수의를 입혀
천상으로 인도한다.

밤을 수놓은 여인들

달빛 향
사르르, 사르르
내리던 밤

풀숲 넘어
뜨거운 속살 어우르며
초록의 여인들 멱 감는 소리

숲의 전령들도 허리춤 움켜쥐고
술에 취한 듯
버들가지처럼 흔드는데

게스름한 눈으로
뽀얀 살빛 훔쳐보던 달이
얼굴 붉히며 구름 속으로 숨네.

허공을 안은 가로등

낮이나 밤이나 뿌옇게 뜬 도심
하늘과 간음하듯 솟은 빌딩들
그 사이로
살집 좋은 차들이 달리고

샹들리에 불빛 아래
풋풋한 코냑 향기 코끝에 감도는
천 색 만 꼴의 화꽃話花 속에
너와 내가 피 서림으로 숨 쉰다.

보일 듯 싸한 눈길 넘어
핏빛 녹슨 등 내어주고
촘촘한 어둠 두꺼워져서야
창백한 웃음 껍질 받아든 젊은이

대리석 번들한 건물 뒷벽에다
시원스럽게 오줌을 갈기고 있는 모습을
불어터진 시간을 지키고 있는 가로등이
멀뚱멀뚱 내려다보고 있다.

내 안에 뜬 달

바람이 불고
비가 내리기도 하지만
사랑의 그림자 피고
샛별이 뜨기도 한다.
때로는
산사의 맑은 종소리로 깨어나
잃어버린 달의 반지를 찾듯
영혼을 그린다.

늙은 나목

말갛게 어둠을 닦는 속 뜰에
풀피리 태워도 남는 그리움이
내 안에 월면月面 냄새를 담더니
키 자란 침묵의 혀에
무수히 파먹히기도 하고

겹겹이 고인 추억들이
빈 하늘에 찢긴 깃발로 펄럭이다가
벽에 걸려 있는 달력의 숫자에
머리를 처박으며
아무에게도 보여 줄 수 없는
심상心象이 되기도 하지.

제 눈 속의
불마저 놓아버린 여자의
비명도 듣고
밤을 느물거리며 다니는
사나운 짐승이 되어
무채색의 세월에 젖으며

바람의 칼 그림자
머금고 있는 바다에
섬의 숨결 쥐어뜯는 파도가 되어
사막의 밤하늘보다 깊은
언어를 죽여
시간의 바퀴를 굴리고 있네.

적요寂寥

저녁 공양 마친 스님이
절 마당을 지나가고
그 빈자리에 하늘이
안개처럼 내려앉는다.

풀벌레도
침묵의 눈 감을 즈음
처마 끝에 매달린
풍경이 고요를 깨운다.

별빛 실금으로 내려
은빛 싸라기
어둠의 물결 따라
산사에 쌓이는데

노승의 목탁 소리
탁 또르르, 탁 또르르
법당에 좌정한 근엄한
부처를 안아 올린다.

비선대飛仙臺

툭 건드리면 쨍하고
깨질 것 같은 푸른 하늘
둘러친 기암괴석, 새소리 무늬

시간의 염주 알 굴리던 산들은
속살 내보인 계곡 물에 잠을 자고
구름도 바람을 품었다

선녀들 옥탕玉湯에서 멱 감고
승천하는 비선대
무지개 한 자락 하늘가에 심어 놓았다.

죽은 스노드롭 먹는 낙타
— 구조조정

노란 봉투 속을 들추자
이름 위에 붉게 그어진 두 선이
영혼마저 갉아먹으며
천 겹의 밤이
목덜미에 시퍼렇게 꽂힌다.

내 안에 낙타 한 마리 키우며
길을 잃고 모래 태풍 속 사막을
허청허청 헤매기도 하고 때로는
초록의 웃음으로 부활을 다지며
스노드롭* 피웠는데

어제의 비늘은 쌓이고
세상으로 통하는 모든 길들이
바람의 그림자로 풀어져 버린 채
미래의 전화선마저 끊긴 가슴에
복면의 죄가 촘촘히 심어졌다.

묘비명 같은 삶을 허기로 채우며
공허한 기억만 남아

가족이 슬픈 범선帆船 타고
세월의 바다로 떠내려가는 것을
바싹 마른 속살로 바라보네.

* 스노드롭 꽃말 : 희망.

목이 길어 슬픈 사람들

아낙이 탑으로 쌓아 올린 밥상을 이고
콩나물 파는 아줌마,
구두 수선 할아버지 앞을 지나
밀고 밀치는 틈 사이로 헤치며 간다.

가게마다 사람들은
삼십 촉 형광의 불 켜놓고
양은 판 한 층씩 헐어
온몸에 이는 식욕의 반란 다독인다.

섣달그믐 밤, 바람에 쓸려가는
삭정이 부딪치는 가슴으로
시공을 어우르며
갯벌 같은 땅 딛고 서서

시간 속으로 떨어지는 여정의 길
마구 가려운 이一생生을
두 손으로 받쳐 들고
아픈 뼈들을 달래고 있다.

제5부

속살 뜨거운 달빛

시간의 그림자 심는 조약돌

타는 햇살
쏟아지는 바닷가
짜르르 쏴아! 짜르르

밤이면
바다에 뜬
항아를 품어

몸 안의 서슬 죽여
사리 하나 빚으려고
참신한 채

천 년의 날을
청옥 빛 물로
시간의 그림자 심고 있다.

가벼운 몸짓 무거운 은유

울 안에서 겅중겅중 걷다가
앞발로 땅을 툭툭 건드려 보는 기린
긴 혀를 뽑아 푸른 초원을 휘감듯
하늘을 쓰윽 핥는다

여기저기 싸놓은 초록의 흔적들이
물과 햇살로 비벼 나무들의 밥이 되거늘
자기 몸속 해우소解憂所도 보지 못한 채
인간들은 더러운 똥이라 한다

아이가 "엄마! 울안에 갇힌 기린이 불쌍해"
큰 소리로 말하자 턱주가리를 푸드덕댄다. 그 모습이
"너희들은 보이지 않은 감옥에서 살지만
우리는 초원을 달리는 꿈이 있어!" 하는 것 같다

기린의 갇힌 몸, 열려 있는 가슴
껑충한 키, 긴 목에 아침 이슬 피어
요요한 꿀향 나는 꽃
한 다발 걸어줄 수 있다면…….

시계를 죽여

잔광도 끌어모은 고운 눈매로
마음에 푸른 환環 만들던 기억의 파편들이
깃 치는 소리를 내기도 했는데

전동차가 어둠을 들쑤시며
땅속 실핏줄에 젖어 달리듯
검은 벽에 등이 휜 삶
시공의 흔적을 남기기도 하더니

생활의 조각들이 곰비님비* 흐르고
내 혼의 소금밭 열기로
그림자 무늬 솟구쳤다 사라지는
서늘한 그믐달 빛 되었네

이제 나만이 존재했던 무덤들
늙고 지문 없는 이야기를 무너뜨려
녹색 바람이 사는 숲에서 시계를 죽여
시정詩情의 숨소리 내 안에 들여놓으리.

* 곰비님비 : 자꾸자꾸.

시간을 썰고 있는 사내

열꽃 핀 길가에서 붉은 쇠 비늘 털어내던 사내.
자선이라는 밥그릇 속에 스쳐 가는 사람들의 눈빛도
배꼽티 내놓은 우윳빛 속살도 빠져 허우적거림을 먹고

속 깊은 음문陰門 같은 광고판을 멀건 눈길로 쳐다보다가
개나리꽃 핀 손가락 사이에 움켜쥔 담배꽁초로
입에 가득 연기를 머금어 동그라미를 그리고 있다.

도심이 형광 속에 묻히자
허름한 생生마저 삼키려는 듯
악어 입처럼 벌리고 있는 지하 통로에 든다.

싸늘한 돌침대에 누워 무표정의 발길 사이
식구들의 등 시린 뼈를 가슴에 올려놓고
아직도 꿈이 아파 몸을 뒤척인다.

불 끄지 못하는 창

이슥토록
풀벌레들이 우짖는 밤

낙엽 하나 정적을 깨뜨리며
발끝에 떨어진다.

적막한 어둠 속에
심장만 한 별 하나 반짝이는데

불 끄지 못하는 창
그대도 잠 못 들어 하는지

약속은 하늘 위에 뜨고
동구 밖 임의 발자국 소리 들리는 듯

저 별들의 낮은 속삭임
겨울이 오고 있다.

성불

살집 좋은 바람이 들고나는 들녘
들꽃들 꽃망울 터지는 소리가
허공에 파문을 일으킨다.

눈에 잘 띄지 않을 작은 것이
제 안의 시간을 들여놓은 채
철 지난 낙엽이 토해내는 허무에도
천상의 고운 빛 아름아름 새기는 듯

잡초들 사이에서 푸른빛만 골라
등에 멘 채 스멀스멀 기어가는
이름도 채 만들어 보지 못했던
벌레 한 마리!

어둠을 펴 올리는 소리

거울 속 뒤안길 같은 숲에 들어
나무들의 살 내음 산의 깃 치는 소리
아름아름 품고 싶던 사내

붉은 입술에 취해
소금꽃 핀 삶을 내어 주고
인생의 한 소절 꾸~욱 눌러 찍었는데

갈매기가 바다를 쪼아도 흔적이 남지 않듯
장안의 선달이 주는 빈 술잔을 받고서야
그에 희뿌연 발자국만 보게 되다니

낙엽이 흩날리는 외진 공터에
쪼그리고 앉은 어깨 위로
어제의 비늘은 오한으로 남고

앞섶이 해진 점퍼를 여미던 손으로
빙벽에 갇힌 세상이라고
땅바닥에 쓰고 지우기를 하고 있다.

겨울 산빛에 젖은 인연

시간을 지운 해 걸음이 힘겨운 듯
감람색橄欖色 초가집 마당에 내려앉고
천 년의 평화가 깃든 황소 눈 속으로
청둥오리 머리 빛 닮은 하늘이 지나간다.

한 생을 갈아온 이마의 이랑에
삶을 촘촘히 심어 놓은 할머니가
텃밭에서 땅김에 코를 벌름거리며
서리 먹은 고추를 따 바구니에 담더니

세상을 태우느라 갈증이 심했는지
쭈그러진 주전자에 입을 대고
물을 꿀꺽꿀꺽 마시며
집 나간 애오라지 자식 놈이
뼛속 아리게 가슴을 친다며 중얼거린다.

담장 너머로 목을 쭉 늘어뜨려
웃음 주던 개똥이 할멈은
낙엽 따라 선궁으로 떠났는데
진홍빛 가슴에 순백의 기억이

한 잔의 바람으로 남아 있음일까

까맣게 때 절은 손 모은 채
토방에 쪼그리고 앉아 해바라기를 하며
삭풍이 너울대는 성에 낀 머리 위에서
사자死者의 춤사위라도 하는 듯
가물해져 가는 눈꺼풀을 붙들고 있다.

천사

부질없는 소리들이 죽은 밤
문이 닫힌 구두수선 가게 옆에서
매서운 도심에 삶을 얹어놓은 모녀

바람의 맛을 느끼며 살기도 힘겨워
허공의 무게에 몸은 딱딱하게 굳어져도
하루 치의 밤과 낮은 오고 가는데

포장마차에서 김이 무럭무럭 나는
순대와 어묵을 먹고 있는 사람들을
바라보던 아이가 칭얼거리자

검은 비닐봉지에 싼 차가운 밥을
가슴에 품어 데워내던 어미가
까맣게 때 절은 손으로 먹이고 있다.

달을 잡는 아기

수평선 너머
선궁의 토끼와 놀던 아기

하늘에 핀 꽃
잡으려는 듯

팔을
뻗었다 당김을 한다.

순백한 향기 머금은 달이
젓빛 아기 얼굴 마주 보며

빙그레 웃고 있다.

천상을 꿈꾸는 꼬막

질편한 갯벌
검푸른 물주름 일고 져도
어두움에 젖지 않는 숨결

파도의 무수한 담금질에
내 안의 빨간 소리
배부른 달 출렁
하늘에 지순하게 핀 꽃

어느 날
화염지옥의 춤 안고
바다의 짠 불
마른 언어가 되어도

거품의 시간 지나
하늘길 밟으며
시퍼런 밤을 써는 사람 위해
내어준 하얀 육신

제6부

거울 속에서 추억이 산다

날 부르시면

그대 앞에 서면
빨간 능금빛 익는 얼굴

아득히 머~언
연둣빛 바람
총총히 새겨진 가슴

하늘이 군청색으로 물든 밤
여린 눈에 묻어나던 푸른 언어들을
창문으로 스며든 별꽃에 걸어놓고

저어기 어디쯤
보내드리고 싶은 마음
날 부르시면.

푸른 종소리

신 새벽 다비로 일군 종이
제 몸을 세차게 때리며
산사의 여명을 깨우면

내 안의 철옹성 벽에 걸린
투박한 목쉰 소리
지난밤의 번뇌를 닦는다.

노승이 내리는 죽비의 아픔이
내부의 언어를 펴 올리며
우레 되어 화엄華嚴으로 꽃피고

청무빛 풍경소리 떼어먹듯
어둠의 칼 몸 밖으로 밀어내어
배넷 잠 깨고 나온 산빛에 젖는다.

단풍

헤일 듯 헤일 수 없는 춤사위
온몸에 지귀의 불*
한순간에 붉게 타는 심장

저,
신기神技에 감전되어

그만
숨이
콱
맺는나.

* 지귀의 불 : 선덕여왕을 사랑한 거지.

탈속이라는 것

지하 깊숙한 곳에서 시름없이 지내다가 다비식을 거쳐 병甁이라는 이름으로 태어났다. 속이 꽉 차있을 때는 뜨거운 사랑도 받았다. 간, 쓸개 다 빼앗긴 껍데기만 남자 아무 죄도 없이 도심 속의 사막에 버려졌다. 푸른 피 잃어버린 것들과 어울려 악취 나는 곳에서 뒹굴며 지내다가 운이 좋아 불려온 놈, 몇 푼의 돈에 노예가 되기도 했다. 저들을 큰 망치로 쾅쾅 내려칠 때, 허상을 벗는 아우성은 날카롭고 본 모습으로 태어나는 소리는 신성했다. 잘게 바스러진 햇살에 영롱하게 빛나는 순수, 탈속을 넘어 긴 영원 속에 자유를 얻는다.

칼과 시

하늘에 열린 새 촘촘히 눈을 뜨고
앞산에서 흑갈색 너울이
하나둘씩 초가지붕에 내려앉네.

은하의 물결에 오동잎이 출렁출렁
어둠을 쫓아 컹컹 개 짖는 소리만이
고요가 흐르는 창가에 매달리는데

문득, 허기진 가슴에
목마름을 적셔주던 푸른 바람이
빨간 장미로 피어날 때면

눈빛에 묻어나는 정겨움 다독이며
꽃향기보다 더 짙은
청동보검 속에 스며들어

그에게는
아무에게도 없는
시의 나라가 있다네.

시향 탯줄 감는 달팽이

여린 풀잎 사글대는 자락에
푸른 전설을 삼삼히 그리는 달팽이
힘센 다리, 억센 턱 없어도
어둠의 새 다독이며

빗방울 몇 톨 들어갈 수 있는
작고 여린 집마저 투명하게 보여준 채
부드러운 살결로
창槍끝 위에 일어서는 삶

때로는
나뭇잎에 기대고 도심에 매달려
호랑이 눈빛 같은 반지도 뒤집어 보고
두 뿔로 달의 문신도 말아 올리면서

박제剝製된 시간을
구름 한 조각으로 잘라내듯
녹색 여울에 빗질 된 바람 안고
시향詩香의 탯줄을 감는다.

구름강 건너는 차

사르르 흘러내릴 듯한 몸짱
네온의 불빛이 간드랑거리는 밤이면
게스름한 눈으로 바람을 가르고 빵빵
농밀한 교성嬌聲에 취하기도 하더니

어느 날부터 낙엽 진 들판에서
살갗에 시뻘건 부스럼 일은 채
동전 한 닢 그리는 모습으로 앉아
허기진 몸 흐물거린다.

축 처진 어깨며 허리를 타고
흙 묻은 발로 장난질하는 꼬마들을
물끄러미 바라보는 눈빛 속에
시공時空의 하얀 추억은 지워지고

켜켜이 쌓인 침묵 다지며
삭아버린 화려한 상처 위로
무겁게 녹아내리는 허망 한 자락
애면글면 구름강 건너고 있다.

눈꽃

꽃비로 내려오는
하얀 나비 떼

빛 고운 영혼
천사들의 춤사위

허공 한 자락 펼쳐 놓은
산천에 피는 백옥의 향연

숲이 달을 안아주듯
가슴에 이는 산뜻한 전율

초록이 타버린 집

초가지붕에 하얀 버섯들이 피고 지고
마당엔 야생의 바람만이 맴도는데
처마 끝에 쓸쓸한 안부들이 매달려 있네

가슴에 슬픈 빙하를 품고 살던 방엔
동그란 그리움이 희끄무레하게 핀 채
죽은 체온이 때 절은 벽을 타고 오르내린다.

고고苦苦*한 문풍지에
들꽃 향기 머금은 여인의 문 여닫는 소리가
천만 톤의 고요 속에 쌓이고

서릿발친 무채색의 세월 안고
퇴화된 문짝과 돌쩌귀 머리 위로
텅 빈 들녘 맴돌던 바람이 지나간다.

* 고고 : 어떤 인연으로 받은 고통.

눈물 속에 키운 고래

더듬이도 없이
쇳소리를 질러오던 아버지
무표정한 세상을 향해
지문도 없는 손도장을 찍고

자식을 만삭의 달처럼 바라보며
바람의 혀에 고래를 들여놓고
삐꺽거리던 허리뼈 곧추세워
두 발로 곤곤하게 걷곤 했는데

호롱불 심지에 태우던 삶
술잔에 수시로 부려 놓더니
몸속으로 파고드는 허공의 무게
어쩌지 못해

낡은 신발 한 켤레를
내게 주었지
그 신을 신고 나는
설산에서 삶의 발자국을 새긴다.

마음의 천불산

물고기들이
별살도 조금 든 어둠을
젖무덤 스치며 가듯

봉봉峰峰마다
이팔 아씨의 가슴
술렁이던 곳에서

우주의 반짝이는
천불산千佛山을
속 뜰에 들려놓고

물소리 새소리 키우려 해도
바람은 나를 붙들고
삶의 꽃 저편으로 내모네.

파도가 먹는 별의 눈물

끈끈한 어둠이 내려
까만 융단이 깔린 바다

파도가 왕관처럼 핀 곳에
은하의 보석 숨겨놓고

별이 익는 밤이면
청동빛 시간이 되어

몸속의 푸른 언어들이
뼈 시린 마음에 눈을 뜬다.

이별

사르르 은하수 소리
어둠에 젖는 밤

시린 마음에
목마름만 쌓이는데

눈에 붉게 핀 꽃
사르르 흘러내리게 해 놓고

바람의 머리채 감으며
허기진 고독 밟고 가는 임

뜨락에 핀 매화꽃 향기
바랑에 가득 담아나 드릴 것을…

젊은 향나무

눈여겨보지 않아도
햇살은 내리고

흘러가는 세월은
너와 나의 삶을 키우고

흥얼거리는 노래에 맞춰
향나무 향이 바람에 스친다.

■ 해설

섬세한 시작 정신과 법고창신의 자유 정신

이지엽

경기대 교수 · 시인

시인은 왜 시를 쓰는 것일까. 쓰지 않으면 안 되는 숙명 같은 것이 있는 것은 아닐까. 최학 시인의 작품을 읽으면서 필자는 시를 써야 하는 당위성이 한 시인에게 이렇게 강렬하게 작용하는 것에 대하여 생각하였다. 그는 아픈 몸으로 내게 시를 가져왔고 시집 평을 부탁하였다. 나는 평을 쓸 입장이 전혀 아니었지만 그의 얼굴과 간곡함을 보자 나도 모르게 응낙하고 말았다. 그러나 읽으면 읽을수록 그의 작품은 손쉽게 다가오지 않았다. 중의적이고 함축적인 표현들이 적지 않았기 때문이었다. 시를 써나가는 단단한 결의가 펜촉처럼 날카롭고 단단하게 다가왔으며 섬세한 서정성과 아울러 자아 성찰에 대한 부단한 노력을 엿볼 수 있었다. 동시에 새로움에 대한 충일한 도전정신을 가지고 있었다. 이러한 큰 줄기의 세 방향성을 중심으로 하여 그의 시가 추구하는 문학적 지향점을 살펴보고자 한다.

1. 시작詩作의 통과의례(이니시에이션)와 자유

시인은 오랫동안 연대장과 군수지원단장 등 군대의 주요보직을 거쳤고, 태권도가 9단으로 한국 태권도 협회 부총재를 지내기도 하는 등 주로 군 생활과 주요 사회생활에서 역동적인 업무에 종사하여 왔기 때문에 시인의 시작과정詩作過程은 상당히 활달할 것으로 추정해볼 수 있는데 이와는 상반되게 상당히 정밀하고 단계적이며 신중한 시작 태도를 보이고 있음이 우선 주목된다. 시인은 "여린 풀잎 사글대는 자락에/ 푸른 전설을 삼삼히 그리는/ 달팽이"에 자신을 비유하면서 자신의 시 쓰기를 이렇게 비유하고 있다.

여린 풀잎 사글대는 자락에
푸른 전설을 삼삼히 그리는 달팽이
힘센 다리, 억센 턱 없어도
어둠의 새 다독이며

빗방울 몇 톨 들어갈 수 있는
작고 여린 집마저 투명하게 보여준 채
부드러운 살결로
창槍끝 위에 일어서는 삶

때로는
나뭇잎에 기대고 도심에 매달려
호랑이 눈빛 같은 반지도 뒤집어 보고
두 뿔로 달의 문신도 말아 올리면서

박제剝製된 시간을
구름 한 조각으로 잘라내듯
녹색 여울에 빗질 된 바람 안고
시향詩香의 탯줄을 감는다.

—「시향 탯줄 감는 달팽이」 전문

이 하나의 작품을 통해 우리는 그의 시적 깊이가 결코 만만치 않음을 감지할 수 있다. 우선 시적 형상화를 이루어내는 그의 솜씨가 지극히 정교하다는 점이다. "달팽이"의 삶을 "작고 여린 집마저 투명하게 보여준 채/ 부드러운 살결로/ 창槍끝 위에 일어서는 삶"으로 축약해낸다. 동시에 그가 그려나가는 일상의 동작을 "때로는/ 나뭇잎에 기대고 도심에 매달려/ 호랑이 눈빛 같은 반지도 뒤집어 보고/ 두 뿔로 달의 문신도 말아 올"린다고 말한다. 달팽이는 잘 알다시피 나사 모양의 얇은 석회질 껍데기로 둘러싸여 있으며, 기어갈 때는 몸이 나와 껍데기를 등에 지고 간다. 머리 · 몸 · 발의 세 부분으로 되어 있으며, 머리에는 늘어났다 줄어들었다 하는 2쌍의 더듬이가 있다. 큰 더듬이 끝에 눈이 한 개씩 있고, 작은 더듬이 사이에 입이 있다. 아마 두 뿔은 큰 더듬이를 말하는 것일 게다. 묘미가 있는 것은 달의 문신을 이 두 뿔이 말아 올린다는 것이다. "달의 문신"은 무엇을 말함인가. 이것은 "호랑이 눈빛 같은 반지"와 같이 살펴볼 필요가 있다. "호랑이 눈빛 같은 반지"는 우선 달팽이가 지나는 풀잎 위의 '이슬'로 볼 수 있다. 그런데 '이슬'의 투명한 눈빛을 "호랑이 눈빛"으로 표현한 것은 단순하게 이를 해석하지 말라는 의미를 담고 있다. 세상을 살아가는 데 있어 우리는 크게 두 가지 영역의 사유를 갖기

마련이다. 하나는 '낮-태양(호랑이)-강직-직선'의 사유이고 다른 하나는 '밤-달-온유-곡선'의 사유라 할 수 있다. "호랑이 눈빛"이 전자의 사유라면 "달의 문신"은 후자의 사유라 할 수 있지 않겠는가.

아무튼 시인은 또 다른 자아의 분신이나 다름없는 달팽이를 통해 시인의 자세와 본분에 대해 얘기하고 있다. 이 통과의례의 과정은 하나의 의식과 같은 것이어서 자못 진지하고 엄숙하다. "박제剝製된 시간을/ 구름 한 조각으로 잘라내듯/ 녹색 여울에 빗질 된 바람 안고/ 시향詩香의 탯줄을 감는"달팽이가 마치 주술사의 동작처럼 완벽해 보인다.

> 하늘에 열린 새 촘촘히 눈을 뜨고
> 앞산에서 흑갈색 너울이
> 하나둘씩 초가지붕에 내려앉네.
>
> 은하의 물결에 오동잎이 출렁출렁
> 어둠을 쫓아 컹컹 개 짖는 소리만이
> 고요가 흐르는 창가에 매달리는데
>
> 문득, 허기진 가슴에
> 목마름을 적셔주던 푸른 바람이
> 빨간 장미로 피어날 때면
> 눈빛에 묻어나는 정겨움 다독이며
> 꽃향기보다 더 짙은
> 청동 보검 속에 스며들어
>
> 그에게는

아무에게도 없는
시의 나라가 있다네.

—「칼과 시」 전문

극과 극은 통한다고 하지 않던가. "빨간 장미"와 "청동 보검"의 병치적인 연결이 그리 이상해 보이지 않는다. 그런데 "빨간 장미"의 세계를 이루는 배경에 유의해보면 "흑갈색 너울"이나 "은하의 물결에 오동잎이 출렁출렁"하거나 "목마름을 적셔주던 푸른 바람"이니 앞서 살핀 '밤-달-온유-곡선'의 세계라 할 수 있고, "청동 보검"은 이와 대척점에 있는 '낮-태양(호랑이)-강직-직선'의 세계라 할 수 있다. 그런데 이 둘을 다 간직하고 있는 것이 바로 "시의 나라"라는 것이다. 더 정확히 말하면 "꽃향기보다 더 짙은/ 청동 보검 속에 스며"든 것이니 '밤-달-온유-곡선'의 세계를 품은 '낮-태양(호랑이)-강직-직선'의 세계가 바로 "시의 나라"이다.

지하 깊숙한 곳에서 시름없이 지내다가 다비식을 거쳐 병甁이라는 이름으로 태어났다. 속이 꽉 차있을 때는 뜨거운 사랑도 받았다. 간, 쓸개 다 빼앗긴 껍데기만 남자 아무 죄도 없이 도심 속의 사막에 버려졌다. 푸른 피 잃어버린 것들과 어울려 악취 나는 곳에서 뒹굴며 지내다가 운이 좋아 불려온 놈, 몇 푼의 돈에 노예가 되기도 했다. 저들을 큰 망치로 쾅쾅 내려칠 때, 허상을 벗는 아우성은 날카롭고 본 모습으로 태어나는 소리는 신성했다. 잘게 바스러진 햇살에 영롱하게 빛나는 순수, 탈속을 넘어 긴 영원 속에 자유를 얻는다.

—「탈속이라는 것」 전문

시인이 되는 과정이 그렇지 않던가. 어렵고 힘든 자아의 숙련

과정을 거쳐 등단의 화려한 월계관을 쓰다가 조금 이름을 얻으면 여기저기 초청도 받지만 쓸모가 다 된 뒤에는 버려지는 것이 아니던가. 단지 몇 사람만 남을 뿐이다. "지하 깊숙한 곳에서 시름없이 지내다가 다비식을 거쳐 병瓶이라는 이름으로 태어"난 병의 일생 역시 시인의 일생과 비슷하다. "속이 꽉 차있을 때는 뜨거운 사랑도 받았"지만 껍데기만 남은 지금은 그냥 버려지는 존재가 되고 만다. 그런데 정작 중요한 것은 바로 다음이다. "저들을 큰 망치로 쾅쾅 내려칠 때, 허상을 벗는 아우성은 날카롭고 본 모습으로 태어"난다는 것이다. 시인은 이 "소리는 신성했다"고 적고 있으며 이를 "잘게 바스러진 햇살에 영롱하게 빛나는 순수, 탈속을 넘어 긴 영원 속에 자유"라고 얘기한다. 병은 깨어지면서 진정한 자유를 얻은 것이다. 시도 그러는 것 아닐까. 명예나 이름을 다 버릴 때 시 본연으로의 가치를 획득하게 되는 것은 아닐까. 시인의 길을 걸으면서 시인은 결국 이 자유를 얻고자 한 것은 아니었을까.

헤일 듯 헤일 수 없는 춤사위
온몸에 지귀의 불
한순간에 붉게 타는 심장

저,
신기神技에 감전되어

그만
숨이
콱

멎는다.

—「단풍」 전문

시인의 시작과정이 정밀한 반면 시인은 "한순간에 붉게 타는 심장"을 지녔다. 선덕여왕을 사랑한 거지 지귀地鬼의 가슴을 지녔다. 아마 이러한 강렬함이 그에게 시를 쓰게 하는 동인動因을 제공한 것으로 추론해볼 수 있다.

2. 성불, 자아의 또 다른 성찰

시인은 서서히 자신의 길을 정리하려고 한다. 그만한 연륜이 흘러 깊어진 것이다. 젊었을 때는 보이지 않은 것들이 눈에 띄고 "꽃망울 터지는 소리" 하나에도 반응을 하게 된다. 아울러 자신이 걸어왔던 길들을 돌아다보는데 제법 익숙해지고 있다.

삼집 좋은 바람이 들고나는 들녘
들꽃들 꽃망울 터지는 소리가
허공에 파문을 일으킨다.

눈에 잘 띄지 않을 작은 것이
제 안의 시간을 들여놓은 채
철 지난 낙엽이 토해내는 허무에도
천상의 고운 빛 아름아름 새기는 듯

잡초들 사이에서 푸른빛만 골라
등에 멘 채 스멀스멀 기어가는
이름도 채 만들어 보지 못했던

벌레 한 마리!

—「성불」 전문

"눈에 잘 띄지 않을 작은 것"들이 이루어 나가는 일들을 눈여겨 들여다보기도 한다. 너무 작고 한미하여 그 이름조차도 없을 "벌레 한 마리!"가 "잡초들 사이에서 푸른빛만 골라/ 등에 멘 채 스멀스멀 기어가"고 있다. 시인은 그것을 감히 "성불"이라 명명한다. 하찮은 것으로만 여기던 이름 없는 "벌레 한 마리!"가 바로 부처임을 알기 때문에 그렇다. 돌멩이 하나도 마른 똥 막대기 하나도 부처가 아니던가.

산마루 등에 업고
이승을 바라보는 돌부처
청산이 내는 신음呻音 소리
노승이 읊는 범패梵唄소리
듣고 있으려나.

절 마당 연못에 투명한
이슬 먹고 피어 있는 연꽃을
슬쩍슬쩍 보다 말다가
시간의 뒷모습 맴도는 구름에
만리심萬里心도 얹어놓은 듯

천년 세월
차갑고 투박한 몸속에
인자한 웃음 차곡차곡 쌓아놓고
뺨을 단청丹靑으로 물들이며

청풍淸風을 우려내 미명을 깨우고

움푹 들어간 눈
뭉뚱그려진 코와 입 그대로
속살 뜨거운 참사랑
건너오는지
닳고 닳은 귓불 세우고 있네.

―「청풍명월 안고 있는 돌부처」 전문

시인은 지금 절 마당에 나와 있다. "노승이 읊는 범패梵唄소리"가 낭랑하다. 그 사이에 무슨 소리가 여음처럼 들린다. "청산이 내는 신음神音 소리"다. 분명치는 않으나 산과 물의 숨소리다. 그 소리를 마치 듣고 있는 듯 돌부처의 표정이 이를 데 없이 평온하다. 그런데 가만히 보니 돌부처는 "절 마당 연못에 투명한/ 이슬 먹고 피어 있는 연꽃을/ 슬쩍슬쩍 보다"가 딴전을 피우기도 한다. 이를테면 어느 한 곳에는 마음을 두지 않는 초인의 자세를 지닌 듯 대수롭지 않게 사물 사이를 건너뛴다. "시간의 뒷모습 맴도는 구름에/ 만리심萬里心도 얹어놓은 듯" 마음까지 자유자재다. 외형으로는 "차갑고 투박"하지만 누구보다 더 "인자한 웃음"을 지녔다. 지는 석양에 "뺨을 단청丹靑으로 물들이며" 숲들의 "청풍淸風을 우려내" 함부로 노하고 함부로 들떴던 우리의 잘못을 깨우치고 있다. "움푹 들어간 눈/ 뭉뚱그려진 코와 입 그대로/ 속살 뜨거운 참사랑"으로 우리를 지긋이 내려다보고 있다. 그 투박하면서도 튼실한 속내의 사랑이 마치 우리의 길흉화복吉凶禍福의 모든 변까시를 주관 할 듯이 절대적인 존재로 다가오고 있는 것이다.

1.
가슴 한구석에 놓여 있는 항아리
그 안에 바람이 불고
비가 내리기도 하지만
달이 환하게 뜨기도 한다.

2.
항아리는
못생겼다 소리치면 사라지고
향기만 남는다.
다시 보면
맑은 종소리로 내게 와
오종종 거울의 진실을 심는다.

—「시 쓰는 항아리」 전문

서울시는 현재 '시가 흐르는 서울'을 표방하면서 지하철 스크린 도어에 시를 게재하고 항아리에 시 쪽지를 넣어 일반 시민들이 시를 가까이할 수 있는 분위기를 만들고 있다. 「시 쓰는 항아리」는 마치 그렇게 배치된 항아리인 것처럼 보이지만 시인은 이를 "가슴 한구석에 놓여 있는 항아리"로 설정한다. 상징의 항아리인 셈이다. "비가 내리기도 하지만/ 달이 환하게 뜨기도" 하는 항아리. "맑은 종소리로 내게 와/ 오종종 거울의 진실을 심는" 항아리. 시인에게는 없어서는 안 될 소중한 존재로서의 항아리다. 시인을 제어하고 통제하기도 하지만 그것으로 인해 시인은 더 울림이 있고 넉넉한 시세계를 우리에게 보여주고 있는 것이다.

3. 허공과 상상력의 그물

최학 시인의 시쓰기는 옹골차고 단단한 시쓰기의 정련과정을 통해 자기 성찰에 이르는 과정을 잘 보여주고 있지만 그렇다고 고리타분하게 과거의 상에 연연하거나 지리멸렬함에 기대어 본말을 섞지 않는다. 오히려 새로움을 뚫고 나가는 참신한 정신이 새로운 상상력을 지닌 젊은 시인에 결코 뒤처지지 않는다.

> 방 한쪽 귀퉁이에 무슨 일 저지를 듯 놓여 있는 회색빛 가방을 열자 어둠 속에 숨어있던 체취들이 우수수 쏟아져 나온다.
>
> 눈을 뜨거나 감고 있을 때도 등골 서늘한 큰 입에서 겨울 이빨로 목줄이 조여 숨이 막혀도 신의 뜻이라는 듯 받아내던 풋풋한 사람들
>
> 흰색과 검은 색깔이 힘겨루기하며 파리의 습성으로 밑바닥에 쩍쩍 달라붙어 먹이를 빨아대며 피멍 든 말들이 피닥여도 너와 나는 먹물을 풀어 짙은 밤을 지새운다.
>
> 가슴 서늘한 사람들이 칼침을 삼켜 버린 물고기처럼 하늘의 지퍼가 닫힐까 봐 덜덜거리며 크로마뇽인의 모습으로 거북이 등 같은 세월을 달래고 있다.
>
> —「하늘의 지퍼」 전문

시인은 오랜 연륜과 연만한 나이에도 시적 상상력의 그물코를 촘촘하게 하고 있다. 「하늘의 지퍼」라는 제목도 제목이지만 담고 있는 시상이 젊고 발랄하기까지 하다. 시적 소재는 방 안에

있는 회색 가방이다. 그 가방은 지퍼는 하늘의 지퍼니 방 한구석에 있는 창문일 수도 있다. 밖은 어둠인데 창문을 열자 밖에 있는 것들이 쏟아져 나온다. 쏟아져 나온 것들은 "겨울 이빨로 목줄이 조여 숨이 막혀도 신의 뜻이라는 듯 받아내던 풋풋한 사람들"이다. 이들은 결코 자신의 뜻을 굽히지 않는 순수의 사람들이다. 어떤 것이 목숨을 위협해 와도 굽히지 않는 사람들. 그러나 고집스런 사람들은 아니다. "신의 뜻이라는 듯 받아내던 풋풋한 사람들"이기 때문이다. 순종의 사람들이고 믿음의 사람들이다. 그러나 현실은 어떻던가. 아직까지도 "흰색과 검은 색깔이 힘겨루기"를 한다. 흑백 논리가 아직도 지배하고 있다. "피멍 든 말들이 파닥여도 너와 나는 먹물을 풀어 짙은 밤을 지새"울 수밖에 없는 현실이 슬프기만 하다. 이렇게 보면 이 작품은 현대인의 아픈 역사와 현실의식을 정면으로 보여주고 있는 문제작이라 볼 수 있다.

바다는 도마 위에서
시퍼런 한숨을 토해내고
푸른 파도가 날 선 칼에
용수철 튀듯 잘려진다.

단단한 어둠에 잠긴
이승의 발톱들이
벗겨내는 삶의 속장束裝
고향 하늘 꽃구름이 서럽다.

— 「죽어서 사는 물고기」 전문

도마 위에서 죽어가는 물고기를 「죽어서 사는 물고기」로 보여준다. 주검을 주검으로 보지 않고 "고향 하늘 꽃구름"으로 생성시키고 있는 것이다. 이를테면 치환보다는 병치의 낯설음으로 시에 생동감을 더해주는 수법을 구현하고 있는 셈이다.

하늘에 불꽃이 몇 겹으로 일던 날
뜨거운 철근을 어깨에 메고
고개를 푹 숙인 채
숭숭 뚫려 더욱 가파른 구름다리 위로
삶의 바다를 건너던 사내.

대지를 선혈처럼 태우던 해가
땅 끝자락으로 스며들자
소금 사리 핀 작업복에
신열을 앓은 듯 땀방울을 닦아내던 손에
지폐 몇 장이 서럽게 빛나고 있다.

부엌과 방 사이에
살구꽃만 한 등 켜놓은 반 지하방
아빠가 돌아오는 것을 보려고
베개 위에 깨금발로 서서
창문에 스쳐 가는 발 냄새를 맡고 있을
여린 눈망울들을 생각하는지

손에는 풀빵 한 봉지
또 한 손에는 고등어 자반을 든 채
시간이 깨어져도 남지 않은 길을
허공 한 자락 태운 가슴으로
마른 가지 부러지듯 허청허청 간다.

—「허공 한 자락 밟듯」 전문

이 작품은 아주 사실적인 내용을 바탕으로 하고 있다. 하루의 고단한 노동을 통해 한 가족이 얻는 단란함이 그려지고 있는데 그럼에도 여기에 소개하는 이유는 리얼리즘 시들이 대부분 간과하고 있는 면을 이 작품은 보여주고 있다는 생각이 들었기 때문이다. 리얼리즘의 시들은 대개 전형적인 환경과 전형적 인물, 그리고 세밀한 묘사로 그려지지만 시를 읽는 신비감이나 환상성과는 거리가 멀다. 그런데 이 작품에는 그러한 신비감과 환상성이 있다. 빠듯하기 짝이 없는 생활이지만 "살구꽃만 한 등 켜놓은 반 지하방"이 지극히 아름답게 느껴지고 "마른 가지 부러지듯 허청허청"한 삶이라도 낭창하게 늘어지는 여유를 보여주고 있는 것이다. 특히 이점은 「허공 한 자락 밟듯」이라는 제목을 내세운 점에서도 읽어볼 수 있다.

대지는 초록의 향기에 젖고
별들이 칠흑의 어둠에 길 내며
지상으로 내려온다.

웃자란 언어 허기진 사연들이
태어나 사라진
행간의 우수憂愁 속에

남루한 한 줌의 추억들이
가슴의 창에 화석이 된 채
누누한 시간 속에 쌓이고

활처럼 휘어진 삶이 파닥일 때도
호수에 뜬 달을 품은 둥근 고집으로

백자 구름 속 떠가는 꿈을 꾸고 있다.

—「시간 채집」 전문

시인은 시간을 어떻게 지배하고 채집하는가. 밤이 되면 "대지는 초록의 향기에 젖고/ 별들이 칠흑의 어둠에 길 내며/ 지상으로 내려온다." 시인은 그 향기에 호흡하고 그 길을 따라 시를 쓴다. 행간 안에는 시인의 의도에 잘 길들여진 단어들만 남고 나머지 "웃자란 언어 허기진 사연들"은 행간 밖에 버려진다. 사라지는 언어와 사연들이여. 그 "남루한 한 줌의 추억들"은 더러 가슴에 화석으로 쌓인다. 눅눅한 시간이 같이 쌓인다. 그것을 포개 시인은 추억의 이름으로 간직한다. 같이 흘러간 시간들이 그 안에 채집되어 있는 것이다. 중요한 것은 "활처럼 휘어진 삶이 파닥일 때도" 그 어려움과 지난함에 매몰되지 않고 "달을 품은 둥근 고집"으로 나아가는 자세를 보여주고 있다는 것이다. 이를테면 위기의 시대에 시인이 가져야 할 참된 자세를 이 작품을 통해 내밀하게 전해주고 있다고 볼 수 있다.

우리는 지금까지 시인의 작품 세계를 세 가지 측면에서 살펴보았다. 시작詩作의 이니시에이션과 자유에서는 시 쓰기의 통과제의를 통해 결국 시인은 자유의 세계를 추구해 나감을 알 수 있었다. 주변 어디에도 걸릴 것 없는 자유의 훤칠한 세계를 그는 꿈꾸고 있는 것이다. 또한 시인은 자아 성찰의 한 방편으로 불교적인 것에 기대어 자신의 삶을 반추해보기도 한다. 자신이 걸어왔던 길들을 돌아다보면서 세계를 이해하는 방법을 다시 터득하고 있는 것처럼 보인다. 또한 시인은 오랜 연륜과 연만한 나이에도 시적 상상력의 그물코를 촘촘하게 하여 젊은 시인들의 귀감이 되고 있다. 「하늘의 지퍼」에서는 회색 가방이나 창문을 통해 들어온 바깥세상의 면면을 예리하게 파헤치기도 하고 「시간 채집」을 통해서는 어려움과 지난함에 매몰되지 않고 "달을 품은 둥근 고집"으로 나아가는 시인의 자세를 보여주고 있다. 최 학 시인은 무엇보다 한 곳에 안일하고 머무르지 않고 부단하게 법고창신法古創新의 정신을 시를 통해 보여주는 올곧게 보여주고 있다는 점에서 큰 의미를 지닌다고 할 수 있을 것이다. ▨